LUMOOJATAR   *   ENCHANTRESS

NIRUPAM CHAKRABORTI

LUMOOJATAR * ENCHANTRESS

Intialaisia runoja Suomesta

Indian Poems on Finland

Toimittanut ja suomentanut Hannele Pohjanmies

Edited and translated into Finnish by Hannele Pohjanmies

Runojen lähde/Source of the poems
Nirupam Chakraborti: *Nijaswa Batas Boye Jai!* Sristisukh,
Kolkata 2014

Runojen suomenkieliset käännökset/
Finnish translations of the poems Hannele Pohjanmies
Runojen englanninkieliset käännökset/
English translations of the poems Nirupam Chakraborti

Kuvitus ja kannen kuva/
Illustrations and cover art by Alexander Popov
Taitto/Layout by Matti Seppälä

Kustantaja/Published by
BoD – Books on Demand GmbH, Helsinki, Suomi/Finland
Valmistaja/Printed by BoD – Books on Demand GmbH,
Norderstedt, Saksa/Germany
ISBN: 978-952-330-475-8

Suomen kesäöille ja talven päiville

To the summer nights and winter days in Finland

RUNOILIJASTA

Nirupam Chakraborti on intialainen tekniikan professori. Hän työskentelee tunnetun Intian Teknologiainstituutin tutkijana ja opettajana, mutta hänellä on akateemisia toimia myös muissa maissa. Suomessa hänellä on dosentuuri Åbo Akademissa (Docent of Soft Computing in Materials Science and Engineering) ja hän on opettanut kesäkursseilla myös Jyväskylässä ja Lappeenrannassa.

Viime vuosina professorin runosuoni on pitkän tauon jälkeen alkanut sykkiä ja erityisesti Suomessa! Nuoruuden harrastus heräsi muutama vuosi sitten uudestaan henkiin ja ensimmäisenä syntyi runo "Matkalla Suomessa." Bengalinkielinen runokokoelma näki päivänvalon vuonna 2014 Intiassa ja siinä on Suomelle omistettu kokonainen osasto. Kirjan nimi *Nijaswa Batas Boye Jai!* voisi olla suomeksi "Täällä puhaltaa minun tuuleni!"

Bengalin kielen omakielinen nimitys on *bangla*, mutta suomen kielessä on käytössä nimitys *bengali*.

"Kirjan otsikossa huutomerkki on tärkeä – se kuvaa hyvin kirjoitelmiani", Chakraborti kertoo. "Muinaiset kreikkalaiset sanoivat, että filosofia alkaa ihmettelystä, ja voisin sanoa samaa runoistani. Huutomerkki kuvastaa juuri sitä ihmettelyä."

Nirupam Chakraborti syntyi vuonna 1955 Cooch Beharin kaupungissa Länsi-Bengalissa. Hänen isällään oli tohtorin arvo sekä Kalkutan että Oxfordin yliopistoista ja hän oli matematiikan professori Kalkutan yliopistossa. Äiti oli bengalilaisen kirjallisuuden maisteri. Chakraborti opiskeli itse ensin Jadavpurin yliopistossa Kalkutassa ja väitteli myöhemmin metallurgiatekniikasta ja materiaalitieteestä Washingtonin yliopistossa Yhdysvalloissa.

Runoilijan puoliso on myös opiskellut sekä Intiassa että Yhdysvalloissa ja on filosofian professori Intian Teknologiainstituutissa. Hän on myös vieraillut opettajana Lundissa, Jyväskylässä ja

Turussa. Tytär on opiskellut Intiassa, Yhdysvalloissa ja Ruotsissa ja on nykyisin ruotsalaisen Atlas Copcon yrityspuolen varatoimitusjohtaja.

Chakraborti tutustui maailmalla suomalaisiin oman alansa tutkijoihin ja tuli heidän kutsustaan Suomeen vuonna 2003. Siitä lähtien hän on käynyt maassa joka vuosi, välillä useita kertoja. Pisin opetusjakso on ollut lähes puoli vuotta talviaikaan.

Olen itse vuosia tehnyt työtä bengalilaisen runouden parissa ja suomentanut kahdeksan Rabindranath Tagoren (englanninkielistä) runokokoelmaa ja yhden kokoelman Buddhadeva Bosen runoja (Ketaki Kushari Dysonin englanninkielisten käännösten kautta). Yhteydet bengalilaisen runouden tuntijoihin eri puolilla maailmaa toivat tuttavapiiriini myös Nirupam Chakrabortin. Olin utelias lukemaan hänen runojaan ja hän alkoi kääntää niitä minulle englanniksi. Ne olivat niin mielenkiintoisia, että päätin kääntää ne suomeksi saman tien.

Näin runot lentävät yli rajojen Kravun kääntöpiiriltä Napapiirille kuin muuttolinnut. Olen iloinen, että ne ovat löytäneet tiensä tänne!

Hannele Pohjanmies
(h.pohjanmies@gmail.com)

SAATESANAT

Tässä kirjassa on runoja kolmella kielellä. Yhdeksän runoa, jotka kirjoitin alkujaan bengalin kielellä (bangla), on käännetty tässä sekä suomeksi että englanniksi ja niistä yksi on mukana myös bengalinkielisenä. Bengalinkieliset runot ilmestyivät ensimmäisen kerran Parabaasin sivuilla Internetissä (www.parabaas.com) ja myöhemmin runokokoelmassani, jonka julkaisi intialainen kustantamo Sristisukh (www.sristisukh.com). Sitten käänsin ne englanniksi ja näistä taas monia kieliä osaava Hannele Pohjanmies käänsi ne suomeksi. Pohjanmies on bengalilaisen runouden suuri ystävä ja tuntija ja on suomennoksillaan aiemmin tuonut suomalaisten lukijoiden saataville kahden bengalilaisen voimahahmon Rabindranath Tagoren ja Buddhadeva Bosen runoja; jälkimmäistä ei Suomessa tunnettu entuudestaan lainkaan. Nyt käsillä oleva kokoelma on siis tarkoitettu runouden ystäville, joiden kielitausta voi olla hyvin monenlainen. He, jotka pystyvät lukemaan runoja alkukielellä, sekä he, jotka lukevat niitä suomeksi tai englanniksi, haluavat ehkä vertailla eri käännösten vivahteita, ovathan monet lukijat vähintäänkin kaksikielisiä.

Runoja on varmasti kaikkialla, mutta ehkä tämän kokoelman runot ovat hiukan poikkeuksellisia. Ne ovat siitä omalaatuisia, että ne kaikki kertovat Suomesta, mutta ne on kirjoittanut henkilö, joka asuu pääasiallisesti Intiassa eikä osaa sen paremmin suomea kuin ruotsiakaan. En puhu näitä kieliä, mutta olen kumminkin käynyt Suomessa lukuisia kertoja. En myöskään ole ammatiltani runoilija, mutta nautin todella paljon runoista ja ehkä minulla on taipumusta niiden kirjoittamiseen, sillä se tuntuu minusta yhtä luonnolliselta kuin puhuminen tai kävely. Olen katsellut tätä ihmeellistä vierasta maata ja tuntenut suurta kunnioitusta ja rakkautta. Nämä runot ovat syntyneet tuosta ihmetyksestä.

Runoissa ei ehkä aina sanota suoraan, toisin kuin romaaneissa, mutta niissä on hiljainen päähenkilö — joka hetkessä on läsnä *muukalainen*, joka kulkee *terra incognitan* halki ja ihmettelee sen taikaa. Suomi on todella ollut minulle aina lumottu maa; olen ollut siellä monissa kylissä ja kaupungeissa. Olen ollut siellä eri vuodenaikoina ja olen siihen suuresti kiintynyt. Nämä runot ovat kokemuksia noilta matkoilta, mutta ne on heijastettu runouden kankaalle. Kaikki seikkailuni täällä, näissä runoissa, tapahtuvat täten metamaailmassa, jonka rakensin huolekkaasti runojeni avulla. Ainoa pyrkimykseni oli tällöin luoda pelkkää puhdasta runoutta. Siksi nämä runot eivät muodosta mitään matkakertomusta. Vaikka ne kaikki kertovat Suomesta, ne ehkä jollakin mutkikkaalla tavalla kertovat samalla myös muusta.

Runojeni maailmassa valo ja pimeys ovat sulassa sovussa, ikään kuin termodynaamisessa tasapainossa, josta tieteen maailmassakin keskustellaan. Vaikka olen ollut Suomen luonnon rauhaisan kauneuden lumoissa, en ole edes täällä voinut sulkea silmiäni pimeydeltä, joka on vääjäämättä läsnä. Ja haluan ottaa tämän pimeyden mukaan runoihini siinä missä valoisammatkin teemat, yhtä uteliaana. Runoilla ilmaisen aina iloani, mutta niissä on myös haavoja, jotka kertovat tuskastani!

Jokainen kieli ilmaisee ajatuksia omalla tavallaan, sanan vivahteet ja sen tuomat mielleyhtymät saattavat olla hyvin erilaisia eri kielissä, ja samoinhan monet sanonnatkin voivat tarkoittaa eri asioita. Tämä askarrutti minua aika lailla kääntäessäni runoja englanniksi. En yrittänytkään saada aikaan sanatarkkoja käännöksiä, vaan yritin vain muuntaa runojen pohjimmaisen tunnelman toiselle kielelle ja säilyttää runojen alkuperäisen sävyn niin hyvin kuin mahdollista. Englanninkieliset runoni ovat lähes suorasanaisia ilman runomittaa, kun taas bengalinkieliset ovat mitallisia. Yritin todella hartaasti saada ne soimaan samaa musiikkia, ja miten hyvin onnistuin, sen voivat vain lukijat päätellä.

Bengalinkielisen kokoelmani ilmestymisen jälkeen sain runoista monilta ylenpalttista kiitosta. Nuoret runouden ystävät Chirayata Chakrabarti ja Sankhamala Chakraborti kävivät englanninkieliset runot tarkkaan läpi ja kiitän sydämellisesti heidän suurenmoisesta avustaan. Olen kiitollinen myös kääntäjä Sarka Hantulalle, joka auttoi englanninkielisten tekstien toimitustyössä.

Lopuksi haluan vielä ylistää Alexander Popovin loistavaa ekspressionistista kuvitusta, joka lisäsi kirjaan esteettistä viehätystä; se kosketti runoissani juuri oikeita kieliä. Suuret kiitokset hänelle.

Runot kuuluvat nyt kaikille runouden lukijoille ympäri maailmaa.

Nirupam Chakraborti
(nchakrab@gmail.com)

একটি বাংলা কবিতা
BENGALINKIELINEN RUNO
A POEM IN BANGLA:

হেলসিঙ্কি
HELSINKI

হেলসিঙ্কি

রূপসী ট্রামের সারি ভেসে যায় সারসের মতো।
সমুদ্রের ঢেউ জমে, ফেনা জমে যায়, শীতের প্রতীক হয়ে
প্রস্তরপ্রতিম।
এসেছি দস্তানা ভুলে, আমার আঙুলে কাঁপে মাইনাস পঁচিশ
তাপমাত্রা, শীতবার্তা : সমস্ত শহরে আজ দুরন্ত ম্যাজিক !

এসেছে ভিখিরী এক নাতিদূর এস্টোনিয়া থেকে
টুপিপরা স্মার্ট লোক, একটু সংগীত হোক বলে
সে যে কি গাইলো মামা, নিদারুণ সারেগামা
টুপি খুলে সিধে তোলা তোলে !

সেও যাবে দিগন্তের দিকে
কাঙ্ক্ষিত গীটারখানি চেয়ে নিতে ঈশ্বরের ঠেকে।
পাথুরে গির্জাটি যদি ভুল করে তার সাথে যায়
এই ভয়ে তাকে আজ ঘিরে রাখে, একগুচ্ছ জাপানী টুরিস্ট
ক্যামেরার ক্লিকে ক্লিকে।

আমি

দাঁড়িয়ে থেকেছি তবু দূরে।

অন্য কোনও প্রতিশ্রুতি পেতে

অন্য কোনও সম্মোহনে মেতে

নিজেকে ঈশ্বর ভেবে নিতে

পারিনি তো !

ম্যাজিকে ম্যাজিকে তবু এলোমেলো স্বপ্ন ভরে যায়

আমি শুধু মুগ্ধ হয়ে দেখি

বাতিদানে, মায়াবী মোমের শিখা

অন্ধকার গির্জা ঘরে

কতটুকু আনন্দ ছড়ায় ॥

ON THE POET

Nirupam Chakraborti is an engineering professor, a researcher and teacher associated with the well-known Indian Institute of Technology, but he also holds academic positions in other countries. The Finnish Åbo Akademi in Turku appointed him a Docent of Soft Computing in Materials Science and Engineering in 2009, and he has also taught summer courses in Jyväskylä and Lappeenranta.

In his younger years, Nirupam Chakraborti also wrote poetry. His interest in writing poetry has recently reawakened and I am happy to say he has been greatly inspired by his experiences in Finland. The title of the first poem he wrote after a long break was "A Voyage to Finland." A Bangla collection of poems saw the light of day in India in 2014, with a whole section of poems dedicated to Finland. The title of the book *Nijaswa Batas Boye Jai!* could be translated as "There Flows My Personal Breeze!"

"The exclamation mark in the title is significant – it is needed to describe my compositions", Chakraborti says. "The ancient Greeks used to say that philosophy begins in wonder, and I could say the same about my poems. The exclamation mark signifies wonder."

Nirupam Chakraborti was born in a town named Cooch Behar in West-Bengal in 1955. His father, who had received doctoral degrees from the Universities of Kolkata and Oxford, worked as a mathematics professor at Kolkata University. His mother had a master's degree in Bangla literature. Chakraborti studied first at Jadavpur University in Kolkata and subsequently earned his doctoral degree in Metallurgical Engineering and Materials Science from the University of Washington in the United States.

Also Chakraborti's wife and daughter have studied and worked overseas. His wife, who was educated in India and the United States, is a professor of philosophy at the Indian Institute of

Technology, and she has been a guest lecturer in Lund, Sweden, and in Jyväskylä and Turku in Finland. Their daughter has studied in India, United States and Sweden and she is now the Vice President of Corporate Responsibility at Atlas Copco, Sweden.

Before Chakraborti came to Finland, he knew some Finnish researchers in his own field and came here at their invitation in 2003. Since then, he has visited Finland regularly, often more than once a year. The longest stay was about five months during the winter.

I have translated Bangla poetry before – eight collections of English-language poems by Rabindranath Tagore and one by Buddhadeva Bose (via the English translations by Ketaki Kushari Dyson). I got to know Nirupam Chakraborti through my connections with the scholars in Bangla poetry in different countries. I was curious about his poems, of course, and he started to translate them into English for me. I found them so interesting that I translated them into Finnish right away.

This way the poems cross the borders from the Tropic of Cancer to the Arctic Circle, like migratory birds. I am glad they have found their way here!

Hannele Pohjanmies
(h.pohjanmies@gmail.com)

PREFACE

This book is a trilingual collection of nine of my poems origi-
nally written in Bangla (Bengali). They are presented here in Finn-
ish and English versions along with one original Bangla poem.
These poems were initially published in Parabaas magazine
(www.parabaas.com) and were later collated into an anthology
of my verses, brought out by Sristisukh publishers (www.sristi-
sukh.com) in India. These poems have been rendered into Eng-
lish by me and the Finnish versions are created by multilingual
Hannele Pohjanmies; an avid enthusiast and connoisseur of
Bangla literature. She has earlier introduced a couple of stal-
warts of Bangla poetry, Rabindranath Tagore and Buddhadeva
Bose to be precise, to the Finnish readers – the latter for the
very first time. This collection is meant for poetry lovers from
diverse linguistic backgrounds. Those who can read these poems in
the original language, or for that matter, those who can read
them either in Finnish or in English, may also be able to appre-
ciate the differences in the nuanced interpretations, since many
such readers are at least bilingual.

Poetry is certainly ubiquitous, but the type of poems that are
collated here are possibly not. These compositions are unique,
because their common theme is Finland and they are written by
a person who primarily lives in India and who speaks neither
Finnish nor Swedish. I am not fluent in these two native tongues,
but I have been to Finland numerous times. I am not a profes-
sional poet either, but I certainly enjoy poetry and I might say I
am inclined to poetry, as naturally as I am to walking or talking.
I have looked upon this amazing, alien land with plenty of awe
and affection. These poems are all born out of that wonder.

Unlike a novel, these poems may not always make it explicit
that they do have a silent protagonist: in every possibility, an
alien who moves through a *terra incognita*, amazed by the magic

19

of it. Indeed to me, Finland has always been an enchanted land; I have been to its many towns and hamlets. I have been there in many seasons and looked at it with plenty of fondness. These poems are my travel experiences projected onto a poetic plane. All my Finnish adventures here, in these poems, thus belong to a meta-world that is my careful poetic construct. When I built that, my only concern was creating pure poetry. These poems thereby do not serve as a travelogue. Although they are all about Finland, in an intricate way, at the same time, they might not be just about Finland.

In the world of my poems, both light and darkness coexist happily, as if they are in a thermodynamic equilibrium discussed in the realm of science. Even when I was obsessed with the serene beauty of nature in Finland, I could never ignore, even there, the inevitable presence of darkness. I want to construct this darkness with the same curiosity with which I create the brighter themes in my poems. My poems are always the manifestations of my joy, and they also bear the wounds of my agony!

Each language has its own way of expressing thoughts; the connotation of a word or the implication of an expression might be quite different when one moves from one language to another. This bothered me a lot while I was preparing the English versions. Instead of trying out a verbatim translation of these poems, I have attempted to transcreate their basic emotions in English, keeping the linguistic flavor of the originals as intact as possible. The English poems are nearly prose like free verses, while the Bangla originals often follow a meter. Even then, I earnestly tried to resonate the same music in both. How successful I was in this effort, that is only for the readers to judge.

A lot of people have overwhelmed me with their love for these poems after they came out in Bangla. The English poems were critically read by young poetry lovers Chirayata Chakrabarti and Sankhamala Chakraborti and I fondly remember their wonderful support. I am also indebted to translator Sarka Hantula for the editorial work on the English versions that are presented here.

Finally, I would like to appreciate the brilliant expressionist artwork by Alexander Popov, which has significantly enhanced the aesthetic appeal of this volume by touching some right chords of my poems. I am certainly grateful to him.

The poems now belong to the global poetry readers at large.

Nirupam Chakraborti
(nchakrab@gmail.com)

LUMOOJATAR

HELSINKI

Kauniit raitiovaunut lipuvat kuin joutsenet,
aallot jäätyvät, vaahtopää muuttuu alabasteriksi,
se on kuin hiljainen talven symboli.
Olen unohtanut ottaa rukkaset: nyt sormissa tärisee
miinus kaksikymmentäviisi astetta pakkasta,
ja lumi kuiskaa: taikaa on kaupungissa
joka puolella!

Katulaulaja on tullut Virosta nopealla laivalla,
ei kovin kaukaa,
kulkurilla on hattu ja terävä pää. "Hei lauletaan!" hän sanoo,
ja veljet, hän lauloi – mikä kakofonia, sävelten sekamelska,
ja kolikot virtasivat hänen hattuunsa.

Ja hänkin kulkee kohti taivaanrantaa,
laulaa jotta saisi kitaran, on koko elämänsä sitä
Jumalalta pyytänyt
ja toivoo että saa sen jossain Jumalan hökkelissä.

Pyöreä kalliokirkko voisi tulla ja pitää hänelle seuraa,
mutta japanilaisturistien lauma tunkee väliin
ja kirkko hämärtyy ikuisen kameroiden raksahtelun taa.

Olen siellä,
seison yksin vähän kauempana.
Odotan jotain toista lupausta
lumouksen vallassa.
Olisi vaikea olla kaikkivaltiaan paikalla.

Sitten taika valtaa harhailevat unelmani.
Katson sisään, haaveisiin vaipuneena
ja näen välähdykseltä
pimeän kirkon kynttilät: niiden taikaliekit
levittävät kaiken ylle lumoavaa onneaan.

TURKU

Runojen taivasta hallitsevat nyt sudenkorennot.
Ne uskovat olevansa lintuja, mutta tanssivat hiukan liikaa.
En ole lintu enkä sudenkorento;
tunnen silti hyvin runouden, tuon himoitun!
En lennä, vaan pysyn mieluummin maan pinnassa,
ja jos tahdon taivaalle, minun on lainattava Boeingilta siivet!
Kerran toisensa jälkeen kohoan silti siiville päästäkseni
kauniiseen kaupunkiin, jonka nimi on Turku.
Vaisto saa palaamaan yhä uudestaan sinun luoksesi, runous.
Miten monta kertaa olenkaan jo suunnannut
kohden tätä kylmää pohjoista maata!

Ja siellä odotan.
Sataman lähellä ajelehtii jokunen lokki
huolettoman taivaan alla – Aurajoki palaa takaisin mereen.
Hän on tulvillaan, minun unteni pieni joki,
hänen matkansa on kohta lopussa.
Ikivanhan katedraalin kellot soivat kahdentoista aikaan
korkealla äänellään, ja runouden terävä tikari
iskee minua tarkasti sydämeen.

Se haava on nyt vaikeasti tulehtunut.
Turun alla on unohdettu kaupunki.
Keskipäivän korkeudessa laskeudun sen pimeyteen.

Siellä ovat murentuneet tiilet ja hylätyt talot.
Aikaa sitten edesmenneet, unohtuneet asukkaat
ovat jättäneet tämän *Aboa vetuksen*
ja muuttaneet uuteen Turkuun asumaan.
Vanha kaupunki sulkee alakuloisena silmänsä.
Laahustan sen kiemuraisia kujia, pelottavia mutkia,
ja etsin haavalleni parantavaa lääkettä.

Mutta en löydä sille mitään rohtoa.
Peitän kasvot murheissani.
Sitten palaan takaisin satamaan.
Suunnaton jäänmurtaja on lähdössä kohti Itämerta
ja onnistun livahtamaan laivaan salaa.
En ole sudenkorento, en lintu,
en ole runoudelle mikään pelastus.
Mutta meren sinessä voit silti nähdä runojani,
muutaman uuden sivun tekstistä, joka saattaa sinulle olla
tuttu vanhastaan.

SUOMI, POHJOINEN KEVÄT

Syvällä sielussani
lasken niitä yhä tarkkaan,
ihmeiden täyttämiä iltapäiviä,
saman kaltaisia kuin nämä nyt.

Tunne valtaa yllättäen puiden paljaat oksat.
Kaikkialle tulvii leimahtaen vihreys,
minun mieleeni taas tulvii hämmästys.
Menneet ovat talven loputtomat yöt, tulleet kevään
loputtomat päivät.

Linnut ilmestyvät. Niiden siivissä on metallinen sointi.
Ne ovat täysin tuntemattomia lintuja
matkalla kohti jotain toista taivasta.
Luotien ahdistamat olennot saavat viimein
löytää vapauden.

Kevään päivät loistavat kauneudessaan.
Silti jokin mies kulkee yksinään ja kantaa
pimeyttä repussaan,
levittää surua ja muuta sellaista – runsain määrin vihaa,
robotti vailla myötätuntoa ja elämää.

Nyt puhaltaa tuivertava tuuli ja tempaa mukaan
kaikki lauluni.
Niinpä voit unohtaa kaiken, jos vain haluat,
kaiken mitä olet sisimpääsi kätkenyt, tarkkaan laskien,
muistojen ihmeellisen iltapäivän,
muistojen lempeän ja hienostuneen kevään.

LAPPEENRANTA

Kaukaisen maan bardi saapui kaupunkiin
joitain kuvia huolettomissa silmissään –
maalattu ohimennen, hänen kulkiessaan kulkuaan.

Kenen huomaan hän oikein jätti runonsa veden syvyyksiin?
Hopeinen kajakki ui järvellä ja tekee eskimokäännöksen.
Veden syvyydessä nuoren miehen
ylpeys pikkuhiljaa kutistuu:
hän näkee, että suuri järvi onkin täynnä runoja,
niitä on joukoittain, ne kelluvat kuin kuolleet kalat,
ja syvällä hilpeän muiston uumenissa
viipyy vielä jokunen säkeistö.

Saimaan rannalla, tässä kauniissa kaupungissa
muuan ääni kuiskaili kauan sitten ja häipyi pois.
Vedestä ilmestyi rakastava käsi ja katosi taas,
ja oli yhtä aikaa pimeää ja valoisaa.
Kaupunki hymyili kuun mystisessä valossa
ja yhdellä silmäyksellä kaukaisen maan bardi
tajusi sen loputtoman lumouksen –
kaikki yhtenä yönä, taikaa täynnä.

MATKALLA SUOMESSA

Yksinäinen katedraali
seisoo suomalaisten kaukaisessa maassa,
hänen edessään on Aurajoki polvillaan.
Vesi on nyt täysin jäätynyt
ja joki rukoilee valkoisessa morsiuspuvussaan.

Pohjanlahden vaiheillahan liikkuu kaikenlaisia taruja.
Keskiyöllä linnan ovet avautuvat,
lumoojatar kutsuu luokseen.
Sinisessä yössä me lähdemme pitkälle matkalle,
ja taikasauvoillamme valaisemme koko saariston.

Paidan hihat kätkevät terävät kyntemme,
yön naamio peittää karut kasvomme.
Oi kuinka rakastankaan saamelaisten lauluja,
musiikkia, jossa ei ole alkua eikä loppua!

Vanha joulupukki poltti pohjoisessa halpaa sikaria.
Me varastimme häneltä porojen ahkion.
Olemme voittoisalla valloitusretkellä – lumoojatar ja minä,
rynnistämme kohti pohjoista ja meidän on pian
                              koko maailma.

Pohjoisen taruissa on usein hiukan surumieltä,
joen muisto – Aurajoki, tuo hienostunut, kaunopuheinen.
Keväällä hän virtaa taas ja syleilee vanhaa katedraalia.
Joki, älä käske minua takaisin luoksesi.

Nämä voittajan kädet ovat
tahriintuneet vereen taisteluissa –
älä käske pesemään niitä vetesi virrassa.

JYVÄSKYLÄ

Laahustava juna pudottaa minut illansuussa
                    lumottuun Jyväskylään.
Tässä kaupungissa ei ole kuningasta vaan keisarinna,
jonka alaa ovat taikuus ja laskento.
Hän täyttää kaupungin geometrisella tarkkuudella.
Hän asettaa sen kultaiseen järveen joutsenet.
Ja tässä kulunut fraasi:
hän saa linnut lentämään tälle taivaalle.

Tulin takaisin, niin oli määrä.
Joutilas iltapäivä: valkeat pilvet
kulkevat hitaasti taivaalla.
Aurinko syö jäätelöä, hymyilee ja sanoo:
"No kuka onkaan siinä taas!"

Kaikki on kirkasta, mutta viisaat joutsenet tietävät –
yön pimeydessä ujeltava tuuli tulee kuin susilauma,
raatelee minut kappaleiksi, palaa takaisin pohjoiseen.
Niin Jyväskylässä, varjojen kaupungissa, kuu on petoeläin
ja kutsuu tänään kaikki luokseen juhlapitoihin!

Keisarinna ei hyvästellyt,
mutta minun on mentävä.

Tämän Jyväskylän puutarhat
ovat silti täynnä ääniä ja loputonta hiljaisuutta.

Poimin sieltä runon
ja lähden huomaamatta pois.

HÄMÄHÄKKI

Keskiyön auringon maassa
Aurajoen rannalla
muuan tyttö näyttää olevan hädissään.
Leikkisät auringonsäteet hymyilevät
hänen kultaisilla hiuksillaan.
Ne katselevat häntä ihmeissään,
kenties katsoivat jo koko yön.
Minä en katsonut.
Kenties hänen joutsenkaulansa
oli veren tahraama,
en voinut tietää.
Tiesin vain, että täällä keskiyön auringon maassa
muuan tyttö kulkee hädissään.

Kuka hän on? Hän kulkee joen rantaa pitkin
leikkisä aurinko hiuksissaan,
aivan yksin.

En nähnyt hänen kasvojaan.
Ehkä hän lauloi jotain syvää, soinnukasta laulua.
En usko että voisin ymmärtää.

Mutta voi, tiedän, tiedän varmasti:
hänen tiensä johtaa lopulta synkkään luolaan,
jonne aurinko ei yllä.
Siellä on kärsivällinen hämähäkki, joka odottaa häntä
iäti.

Mutta katso miten kaunis aurinko on tänään,
miten öinen taivas on valoisa kauttaaltaan
täällä keskiyön auringon maassa.

TUNTURIHOTELLI

Hän tietää sen, tai ainakin sen hän tietää.
Hän tietää, että revontulten graffitit täyttävät öisen taivaan
heikolla raapustuksella,
alkukantaisella kieliopilla.

Hän tarpoo nyt täällä hyisessä pohjoisessa
pitkin jäätynyttä maisemaa.
Sen rintaa halkoo musta vesi,
raivokas virta pyörteilee.
Yksinkertaisesti
hän vain vaeltaa sen rinnalla,
mukanaan tämä muisto:
ne ihmeelliset unet, joita poro näkee kulkiessaan
                    kohden pohjoisnapaa.
Niitä hän vain haluaisi koskettaa lauluillaan ja runoillaan,
                    joissa ei ole jumalaa.
Siksi hän tuli tänne, näin kauas pohjoiseen.
Hän odottaa bussipysäkillä lähellä Tunturihotellia,
oudossa jäätyneessä kaupungissa.

Hän tietää sen, tai ainakin sen hän tietää.

Lähellä Tunturihotellia joku palaa kevyesti takaisin
kaukaa menneisyydestä,
joku palaa, hymyilee sointuisasti,
puhuu jotain kaunista tuntematonta kieltä.

Hän oli juuri vähällä unohtaa sen kaiken,
odotti bussia, lähellä Tunturihotellia, myrskyisänä iltana.

SAARISELKÄ

Uni unen jälkeen
minun uskolliset sanani häviävät hiljalleen.
Viimeinen runo syntyy vielä kaikessa loistossaan,
jokainen sana oikealla paikallaan.
Ota se, Sinä runojen kerjäläiskuningas,
se on häpeämätön lahja Minulta,
mieheltä joka lentää unesta toiseen luutansa varrella.
Terävä vihellys ilmassa, taustalla naurua,
julmuuden aikaa Saariselällä, paikassa joka on matkan
varrella, kun mennään kohden pohjoisnapaa.
Olen ajautunut sinne runouden ruumiin kanssa, se oli
kerran mahtava, mutta nyt se on kukistettu ja kuollut.

Kannan sen siniselle lumotulle tunturille Saariselällä.
Nukkuessa, herätessä, muistoissa ja unohduksessa
sanojen terälehdet leijuvat kohden unenkaltaisia kukkuloita.
Runouden julma salamurhaaja huutaa minua siellä.
Jalanjälkeni uudessa lumessa ovat kuin kuolleen runon kosto.
Hiljaisuus on täydellinen.

Suuri orava katsoo hiljaa.
Olin samaan aikaan unessa ja valveilla,
                    ja silloin runot katosivat.

Näin kaikki äänet pysähtyvät, ja sitten ilmestyy kirkkaus.
Ahmin sitä, hengitän sitä tässä unessa,
lumotulla tunturilla.
Sanat ovat kuolleet, runot kuolleet, mutta sittenkin –
jossain herää henkiin epäselvä, hämärä sävelmä.
Puhtaan kauneuden keskellä
se elpyy uudelleen kuin runous.
Päästän sen sisälleni, sieluuni.
Ja siellä yhä seison, Saariselällä,
                    kauniin sinisen tunturin lähellä;
se on matkan varrella, kun mennään kohden
pohjoisnapaa.

ENCHANTRESS

HELSINKI

The beautiful trams float like a flock of swans
The waves freeze in mid-motion, foam turned alabaster,
Like a silent symbol of winter.
I have left my mittens behind: minus twenty five now
                                        trembles on my fingers;
The temperature I mean and the snow whispers:
There's magic everywhere in town!

A beggar comes riding a speed boat from Estonia,
                                        not too far off
A drifter in a hat and very smart; let's have some music,
                                        he says
Oh what he sang brother – pouring a cacophony of
                                        messed up notes
That pours coins in his hat.

He too will walk towards the horizon
Singing for the guitar that he's wanted his entire life
From God, to ask for it in God's shantytown.

The old stone church might just follow him,
Only if not prevented by some Japanese tourists'
                                        ceaselessly clicking cameras.

I am there
Standing alone at a distance.
Expecting some other promise
Mesmerized by it.
Couldn't think of myself as almighty.

Then the magic takes over my haphazard dreams
I look inside, transfixed in a reverie,
Just in time to glimpse
The enchanted candles burning inside an aphotic church,
Their magical flames casting a spell of happiness.

TURKU

Some dragonflies now dominate the sky of poems
They think they are the birds; they dance around
                                        just a bit too much.
I'm neither a bird nor a dragonfly, yet I know it well,
                                        this coveted poetry!
I don't fly, rather prefer the ground
And to reach the sky, I just need to borrow my wings
                                        from Boeing!
But still I take wing repeatedly to reach there,
The beautiful town we call Turku
Homing instinctively to You poetry; adding on to the
                                        countless times
I have set out for this cold Nordic land!

That's where I wait.
Close to the harbor, below a careless sky
A casual seagull drifts; Aurajoki returns to the sea.
Overwhelmed is now she, this little river of my dream;
Her journey ends.
The midday bell resonates inside the ancient cathedral
In its high pitched note, and the sharp dagger of poetry
So accurately stabs me in the heart.

That wound turns into gangrene.
Underneath Turku there is a forgotten town
Into its darkness I will descend at this high noon.
The town of broken bricks and desolate houses;
Their long-gone, forgotten residents
Have left this *Aboa vetus*
And moved up to a new Turku.
The old town closes its eyes in melancholy:
I trudge along its serpentine alleys and their
                                        frightening bends
Searching for an antidote to cure my wound.

I couldn't find a panacea.
I cover my face in sorrow;
I return to the harbor.
A huge icebreaker now leaves for the Baltic Sea
And I just manage to sneak onboard.
I'm neither a dragonfly nor a bird,
Nor am I the savior of poetry,
But still in the ocean blue you will find my poems;
A few unknown pages of a text that perhaps you
Always knew.

FROM FINLAND, DURING A NORDIC SPRING

I still count them very carefully.
Deep inside me;
A few miraculous afternoons like these.

The bare branches in the trees suddenly
                    burst with emotion;
A sudden flash flood of green,
A flash flood of wonder in my mind.
Gone are the endless nights of winter,
In come the endless days of spring.

Now the birds fly with a metallic sound in their wings.
Unknown birds are these,
Flying towards some other sky,
Their bullet ridden bodies will find some freedom at last.

There's a riot of beauty, now, in these days of spring
But a robot will walk alone
                    carrying darkness in his backpack
Some sorrow, and the rest – an abundance of hate
Spreads here this mechanical man with no empathy.

Snatching all my songs, an aimless wind blows by;
Now you can forget all if you want to
What you have kept deep inside you, counting them
                                        very carefully:
The memories of a miraculous afternoon,
Memories of a soft, elegant spring.

LAPPEENRANTA

A bard came in to this town from a distant land
In his careless eyes indeed were some pictures –
Painted casually, as he walked by.

Not sure who he has left his poems with
                                    deep inside the water.
A silver kayak floats in the lake making the Eskimo loop.
Deep inside the lake a youth watches
                                    his pride slowly melt away:
He sees many rows of poems floating like dead fish
In this huge lake,
And deep inside a careless memory,
Some stanzas of verses still linger.

By the banks of Lake Saimaa, in a pretty town
                                    named Lappeenranta
A voice murmured and faded away such a long time ago,
A loving hand came out of the water just to sink again
In the hour of light and darkness,
The town smiled in a mysterious moonlight
In a casual glance, the bard from a distant land
Found its ceaseless attractions – all in a magical night.

A VOYAGE TO FINLAND

In the distant land of Finns
There is a lone cathedral
And the river Aurajoki kneels before him.
The water is now frozen solid
And the river prays in her white bridal gown.

Many such folktales now float around
                    in the Gulf of Bothnia
The castle opens its door at midnight and the enchantress
                    summons me.
In this blue night we will set out for a voyage
                    that is quite long,
Illuminating the archipelago with our magic wands.

Our sharp nails are now concealed in our shirt sleeves,
The mask of night covers our savage face.
Oh, how I love these songs of the nomad Sami,
The music that neither begins nor ends.

The old Santa was smoking a cheap cigar at the arctic,
We stole his reindeer sledge;
Now it's our victory ride – the enchantress and I,
We keep on moving north, claiming the entire world for us.

Such Nordic tales often carry a touch of melancholy,
Memories of a river – Aurajoki, exquisite and articulate;
In the springtime she will flow again,
Embracing an old cathedral.
Don't tell me, river, to come back
Don't tell me to wash my bloodstained, victorious hands
In your flowing water.

JYVÄSKYLÄ

At the day's end, a reluctant train drops me off
$\qquad$ at enchanted Jyväskylä.
There's no king in this town, the empress does
$\qquad$ the math and magic.
She fills it with geometric precision;
She places swans in its golden lake.
And this is just a cliché:
She calls the birds in her sky.

I came back; I had to.
A lazy afternoon; the white clouds drift in the sky
The sun licks ice cream, smiles and says
"Look who is here again!"

Everything is so bright, but the wise swans know;
In the deep dark night the howling wind will arrive as
$\qquad$ a pack of wolves
To tear my body apart, to return home far north.
So, in Jyväskylä, the town of shadows,
The predatory moon has invited all
$\qquad$ to her banquet tonight!

The empress didn't say goodbye,
But I still have to go.
Still, here in Jyväskylä,
In its gardens of sound and endless silence
Let me pluck a poem and I will leave unseen.

THE SPIDER

In the land of the midnight sun
By the banks of the River Aurajoki,
A girl seems to be in distress.
Playful sunrays smile on her golden hair;
Amazed, they all look at her
Perhaps the whole night:
I didn't look.
Blood stained was her swan neck perhaps;
I couldn't tell.
But I knew that in this land of midnight sun
There she walks, a girl in distress.

Who is she, who walks near the river,
Playful sunlight on her hair;
Who is she, who walks alone?

I didn't see her face
Perhaps she was singing a song melodious and deep;
Don't think that I could follow

But I know: oh, I know for sure
At the end of her road there is a dark and sunless cave,
And a patient spider waiting there for her;
Forever.

But look how beautiful is the sun tonight;
How the whole night sky lights up
In this land of the midnight sun!

TUNTURI HOTEL

He knows it; well, he knows at least this much.
He knows that in faulty grammar
In weak lines and poor scripts,
The graffiti of aurora will fill in the nocturnal sky.

Here in this frozen arctic
Now he trudges along the ice field.
Tearing through the breast of ice the black water gushes,
Flows a turbulent, ferocious river.
He simply walks along with it
And this is the memory that he has;
The amazing dreams that embrace the reindeer
                    on the way to North Pole,
He just wants to touch them in his godless
                    songs and poems.
That's why he came up here, so far up in the north,
Waiting at a bus stop, close to the Tunturi Hotel,
                    in an unknown frozen town.

He knows it; well, he knows at least this much.
Close to the Tunturi Hotel somebody returns effortlessly
                    from a distant past

Somebody returns, smiles sonorously
Speaks some beautiful tongue unknown.
He was just well forgetting all of it
While waiting for a bus,
Waiting for a bus, close to the Tunturi Hotel.

SAARISELKÄ

From one dream to another,
Slowly my faithful words fade away.
Now the last poem will be born in elegance using
All the words in harmony.
Take it, You, the beggar king of poems,
                    as a gift from the audacious Me,
The man who is moving from one dream to another
                    on his broomstick.
A sharp whistle in the air, a laughter in the background;
It's a cruel time in Saariselkä,
The town on the way to North Pole.
I'm stranded there with the corpse of poetry,
                    mighty once but now
Vanquished and dead.

I will carry it to the blue magic mountain of
                    Saariselkä.
In a dream; in awakening; in my memory and
                    forgetfulness,
The petals of all the words will float towards
                    the dreamy hills.
It calls me there, the cruel assassin of poetry,

My shoeprints on the fresh snow
                    are like the revenge of a dead verse;
An absolute silence,
And a silent look from a large red squirrel;
It's a state of both dream and awakening
                    when I lost all my poems.

All the sounds thus stop
And then a luminous sensation emerges,
I will drink that; I will devour that in this dream,
                    in this magic mountain.
All the words are dead, all the poems are dead but still –
A formless melody resurrects from somewhere,
In absolute beauty it revives itself like poetry.
I will accept it.
I'm still standing at Saariselkä, on the way to North Pole,
Near a beautiful Blue mountain.

SISÄLLYS/CONTENTS